U0671280

Zhongguo Wenhua
Zhishi Duben

中国文化知识读本

主编 金开诚

编著 王忠强

千年茶马古道

吉林出版集团有限责任公司

吉林文史出版社

**图书在版编目（CIP）数据**

千年茶马古道 / 王忠强编著 .一长春：吉林出版
集团有限责任公司：吉林文史出版社，2009.12（2022.1 重印）
（中国文化知识读本）
ISBN 978-7-5463-1288-0

Ⅰ.①千… Ⅱ.①王… Ⅲ.①古道 – 简介 – 墨江哈尼
族自治县 Ⅳ.① K928.6

中国版本图书馆 CIP 数据核字（2009）第 223057 号

# 千年茶马古道

QIANNIAN CHAMA GUDAO

主编/ 金开诚 编著/王忠强

责任编辑/曹恒　崔博华 责任校对/王明智

装帧设计/曹恒 摄影/金诚 图片整理/董昕瑜

出版发行/吉林文史出版社 吉林出版集团有限责任公司

地址/长春市人民大街4646号 邮编/130021

电话/0431-86037503 传真/0431-86037589

印刷/三河市金兆印刷装订有限公司

版次/2009 年 12 月第 1 版 2022 年 1 月第 6 次印刷

开本/650mm×960mm 1/16

印张/8 字数/30千

书号/ISBN 978-7-5463-1288-0

定价/34.80元

# 《中国文化知识读本》编委会

**主　任**　胡宪武

**副主任**　马　竞　周殿富　孙鹤娟　董维仁

**编　委**（按姓名笔画排列）

于春海　王汝梅　吕庆业　刘　野　李立厚

邴　正　张文东　张晶昱　陈少志　范中华

郑　毅　徐　潜　曹　恒　曹保明　崔　为

崔博华　程舒炜

# 关于《中国文化知识读本》

　　文化是一种社会现象，是人类物质文明和精神文明有机融合的产物；同时又是一种历史现象，是社会的历史沉积。当今世界，随着经济全球化进程的加快，人们也越来越重视本民族的文化。我们只有加强对本民族文化的继承和创新，才能更好地弘扬民族精神，增强民族凝聚力。历史经验告诉我们，任何一个民族要想屹立于世界民族之林，必须具有自尊、自信、自强的民族意识。文化是维系一个民族生存和发展的强大动力。一个民族的存在依赖文化，文化的解体就是一个民族的消亡。

　　随着我国综合国力的日益强大，广大民众对重塑民族自尊心和自豪感的愿望日益迫切。作为民族大家庭中的一员，将源远流长、博大精深的中国文化继承并传播给广大群众，特别是青年一代，是我们出版人义不容辞的责任。

　　《中国文化知识读本》是由吉林出版集团有限责任公司和吉林文史出版社组织国内知名专家学者编写的一套旨在传播中华五千年优秀传统文化，提高全民文化修养的大型知识读本。该书在深入挖掘和整理中华优秀传统文化成果的同时，结合社会发展，注入了时代精神。书中优美生动的文字、简明通俗的语言、图文并茂的形式，把中国文化中的物态文化、制度文化、行为文化、精神文化等知识要点全面展示给读者。点点滴滴的文化知识仿佛繁星，组成了灿烂辉煌的中国文化的天穹。

　　希望本书能为弘扬中华五千年优秀传统文化、增强各民族团结、构建社会主义和谐社会尽一份绵薄之力，也坚信我们的中华民族一定能够早日实现伟大复兴！

# 目录

一、茶马古道的路上 .................................. 001

二、茶马古道的历史 .................................. 015

三、茶马古道的文化 .................................. 051

四、茶马古道的价值 .................................. 081

五、茶马古道的特点 .................................. 099

# 一、茶马古道的路上

## （一）茶马古道的起源

在中国西南的崇山峻岭之中，有这样一条崎岖艰险的通道，承载着云南、四川、西藏的交流沟通，这就是世界上海拔最高的古道——"茶马古道"。

茶马古道在历史上起源于唐宋时期的"茶马互市"。世代居住在高寒地区的藏族人民是以糌粑、奶类、酥油、牛羊肉等食品作为主食的。居住在这个平均海拔三四千米以上的地区的藏民需要摄入高热量的脂肪，但是过多的脂肪在人体内不易分解，这时候就需要能够分解脂肪的茶叶来帮助消化，同时茶叶又能防止糌粑带来的燥热。因此尽管藏区并不产茶，但是藏民在长期生活中，仍

茶马古道横贯藏、川滇三省

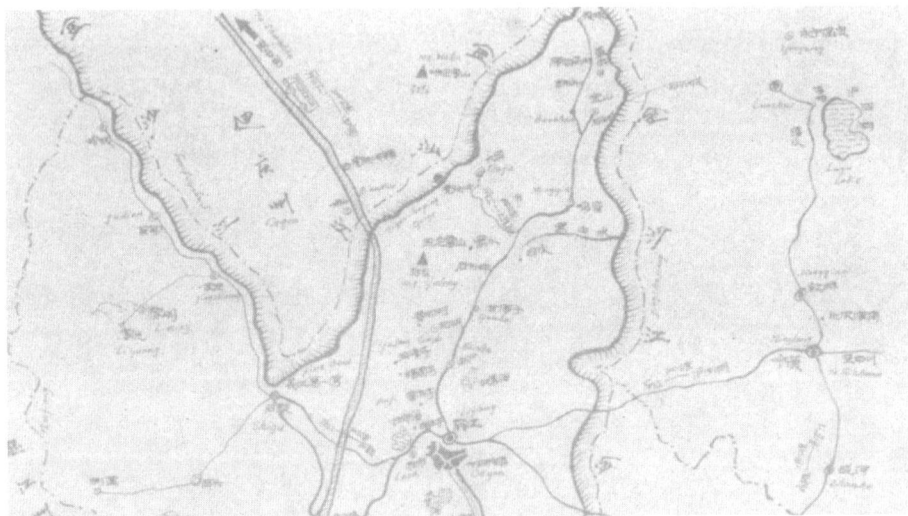

据文字记在茶马古道的历史源于唐宋时期的茶马互市

然养成了喝酥油茶的习惯。这也形成了藏区对内地茶的需求。而在内地，无论是民间劳役还是军队征战都会用到大量的骡马，这就对藏区和川、滇边地所产的良马有了很大的需求。双方各取所需，这种互补性的贸易——"茶马互市"就开始了。由此，藏区和川、滇边地出产的骡马、毛皮、药材等特产被送往内地，而四川、云南二省及内地出产的茶叶、布匹、盐和日用器皿等则运到藏区，两地的贸易在横断山区的高山深谷间日渐频繁、川流不息，并随着经济的发展和文化的交流而日趋繁荣，形成了这条延续至今的"茶马古道"。

## （二）茶马古道的线路

"茶马古道"是一条有着特定历史含义的交通要道，简单来说，茶马古道主要分为滇藏道和川藏道这南、北两条道。滇藏道起自云南西部西双版纳、思茅等产茶地，向西北经由云南大理、丽江、中甸、德钦、芒康、察雅至西藏昌都，再由昌都通往卫藏地区。川藏道则从今四川雅安一带产茶区出发，首先经由泸定进入康定，再从康定又分为南、北两条支线：北线经道孚、炉霍、甘孜、德格、江达、直至昌都（即今川藏公路的北线）；南线则是经雅江、理塘、巴塘、芒康、左贡抵达昌都（即

走进茶马古道博物馆，
可以了解那段历史

今川藏公路的南线），最终南北两线都要再由昌都进入卫藏地区。

以上所说的茶马古道线路只是简单地介绍了一下茶马古道的主要干线，也是人们对茶马古道的一种较为简略的理解与认识。实际上，除了以上所提到的主干线之外，茶马古道还有很多支线来完善川滇藏之间的交通，例如由雅安通向松潘乃至连通到甘肃南部的支线；又或者是从川藏道北部的支线经由原邓柯县（今四川德格县境）通往青海玉树、西宁直至连通洮州（临潭）的支线；还有从昌都向北经类乌齐、丁青到达藏北地区的支线。也正是由于这些庞杂支线的存在，让有的学者认为茶马古道的概念应该有所扩大，即历史上的唐蕃古道（即今青藏线）也应包括在茶马古道的范围内。当然有的学者会反对，因为虽然茶马古道与唐蕃古道确实有所交叉和重叠，茶马古道与唐蕃古道的目的地也有所相同，但是唐蕃古道毕竟是另外的一个特定历史概念，其内涵与茶马古道是有区别的。而且作为唐蕃古道目的地

茶马古道干线地图

的甘、青藏区在历史上并不是茶马古道的主干线，而仅仅是茶马古道中将茶叶输往西藏地区的目的地之一。"茶马古道"与"唐蕃古道"这两个历史概念的同时存在，恰恰也证明这两条道路在历史上的功能与作用并不是完全相同的。就好像世界上的道路大多是相互贯通和联结的，我们并不能因此而将它们混为一谈。同样的，我们也不应该简单地把唐蕃古道并入茶马古道当中。

历史上的茶马古道并非只有一条，而是一个庞大的交通网络。茶马古道是以川藏道、滇藏道与青藏道（甘青道）三条大道为主线，加上众多的支线、附线共同构成的道路系统。它连接着四川、云南、青海、西藏四省，再向外则延伸到南亚、西亚、中亚和东南亚等

茶马古道几个大字刚劲有力

千年茶马古道

地，甚至远达欧洲。三条主线中，川藏道开通得最早，运输量最大，历史作用也较大。

具体来说，茶马古道的道路系统可以从三条主线上来说明。其中滇藏道一条：一路经过云南的西双版纳、思茅、普洱、临沧、保山到达大理丽江，从丽江、石鼓沿金沙江而上直至鲁甸，再翻过栗地坪雪山垭口到维西城，而后自澜沧江逆流而上途经岩瓦，在德钦县燕门乡谷扎村渡江翻越太子雪山到达盐井，继续前行可抵西藏芒康、左贡、邦达、昌都，在昌都分为南北两线前往拉萨。滇藏道途中的丽江、迪庆和昌都是重要的中转站和关节点。川藏线则可分为南道和北道两条。南道：从西康（今四川）雅安翻过二郎山，路过康定、昌都将四川茶区的砖茶运往拉萨。南道从康定到昌都的路程中还要经过雅江、里塘、巴塘、

巷子深处仿佛传来马帮的
铃铛声

芒康、左贡、察雅等地。川藏南道中康定、昌都是非常重要的中转站和关节点。北道：从雅安茶区出发，经过康定、道孚、炉霍、甘孜、德格、江达，最后抵达昌都。川藏北道中甘孜、德格和昌都是重要的中转站和关节点。南北两道在昌都会合后还可以分别经由南北二支前往拉萨，北线要经过丁青、索县、那曲、当雄（达木），南线则要走林芝、山南，或者继续前往日喀则，或者直接到拉萨。青藏道也有两条：一条是曾经的唐蕃古道，途经秦州（甘肃天水）、渭州（甘肃陇西）、临州（狄道县）、河州（临夏，或者经过兰州到鄯州）、鄯州（今青海乐都）、赤岭（日月山）、大非川城（薛仁贵城、切吉古城），共和县恰卜恰、大河坝、玉树、唐古拉山查午拉山口、索曲（西藏索县）、那曲、羊八井，最后到达拉萨。一条是元朝时的"驿道"，即从甘肃临洮到青海西宁、玉树，中转四川德格，再到西藏昌都、索县、那曲、当雄，经过羊八井，或者继续向后藏进发，或者直接到拉萨为止。青藏道中河州、临洮、玉树、昌都和当雄等地是重要中转站和关节点。

## （三）茶马古道的风光

茶马古道旁民风淳朴的沙溪古镇

茶马古道的路上

**茶马古道沿途风光如一幅幅画卷**

茶马古道的沿途风光仿佛一幅山水画。在这幅山水画中，有着动人心魄的苍茫和旷世不遇的静寂。画里的世界有时会沉静如水，路途的高山全都静默不语。那是一种把人带入史前时代的苍凉而又严酷的美。古道的夏季，有着汪洋恣肆的雨水，冬季则会有清凉如玉的雪水。汇聚而成的河水从峻岭险山之中奔腾而下，又很快流淌进无数的大江和河流中。远远望去，可以看到那苍劲而唯美的山脊，突兀峻秀而又充满张力。山岚的蓝，又让这古老的山脉显得英姿勃发，英气逼人。江河就好像西藏的血脉，奔腾涌动，为高原增添了生命的激情，为群山带来了蓬勃的生

茶马古道是青藏高原上
一条古老的文明孔道

机。

　　除了名山大川，茶马古道的沿途还有充满灵性的石头，轻盈飘渺的云朵以及明丽湛蓝的天光。饱经沧桑的顽石，空旷高远的蓝天，绚烂多姿的云，宛如极地之光的光芒，组合成了令人激动不已、难以言状的色彩。如果是在晴天的晨曦和晚霞之中走在茶马古道上，你一定会被那种晶莹剔透的光芒所震撼，从而真正地感受到这个世界的美可以如此的神奇。只要看到一眼，只要沐浴一次，人生便可以因此而熠熠生辉。

　　茶马古道有"三宝"：一个是沿途苍茫

古道旁的百姓仍保留着从前的生活习惯

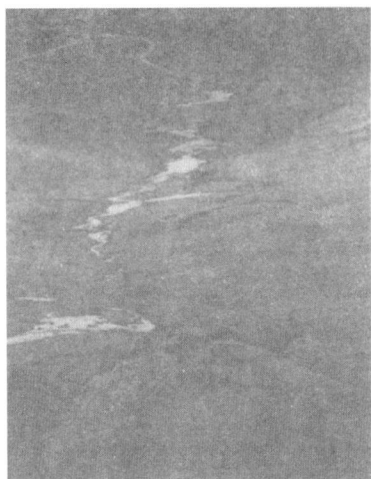

唐蕃古道有丝绸南路之称

的大地、美丽的山水、湛蓝的天空、多变的云朵；一个是融入藏族人民生命之中的宗教信仰；一个是藏族人民的善良朴实。西藏地区唯美的自然风光让藏族人民对自然有了敬畏，也让藏族人民有了很强的宗教感情，同时也造就了勤劳、朴实、善良的藏族人民。

千年茶马古道

二、茶马古道的历史

## （一）茶马古道的形成过程

唐宋时期，从内地向藏区输送茶叶主要是通过青藏道。从明代开始，伴随着川藏茶道的正式形成和兴起，川藏茶道成为了茶马古道三条线路中最为重要和闻名的一条。川藏道的形成和兴盛促进了古道沿途商业城镇的兴起及西藏与内地的联系，不但加速了经济的发展，还使汉族人民与藏族人民的联系更加紧密。所以说川藏茶道既是一条经济大道，也是一条政治坦途，还是一个国防保障，使外国势力再也无力把西藏从我国分离出去。

唐蕃古道至今仍是人烟稀少的牧区地带

千年茶马古道

我国茶叶出产于南方，北方和西北高寒地区都不出产茶叶。地处中国南方的四川省则是主要产茶区。先秦时期，唯有四川一带有茶可饮。到了唐代，随着我国人民对茶叶需求量的大幅增加，我国南方各地也开始盛产茶叶，也是从唐代开始，四川绵州、蜀州、邛州等地的茶叶，开始传入西藏地区，藏族人民饮茶的生活习惯也由此形成，继而踏出了将茶叶输往西藏的道路。在唐代，青藏道是西藏与内地交流的主要交通路线。唐代吐蕃王朝四处扩张，南征北战。其时，唐王朝与吐蕃之间的和亲、问聘等使臣的往来，都是经由天水、大非川、暖泉、河源、通天河到逻些（今拉萨）。和亲的文成公主和金城公主也是由青海入藏，走的就是青藏道。总而言之，唐代时期内地与西藏的交通主道是青藏道而不是正式形成于明代的川藏道。那么自然，唐代内地茶叶销往西藏的茶道也是青藏道。随着后来吐蕃王朝的土崩瓦解，到宋代时，藏族地区已经处于四分五裂的状态，青藏道也因此不再是当时的军事

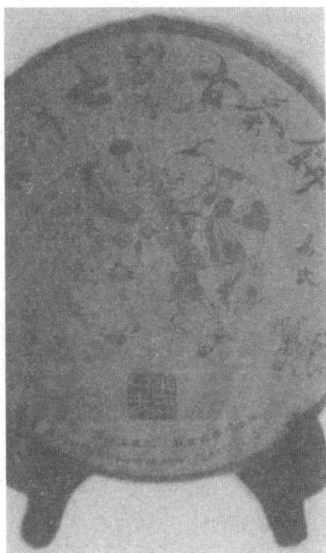

云南普洱茶

要道和官道。但是政治上的变革并未削弱青藏道在经济上的作用。北宋熙宁以后为了方便茶马互市的管理，宋王朝便在四川设立了茶马司。茶马司的管理措施就是将四川省每年出产的三千万斤茶叶中的大部分运往甘肃和青海，并在这两个地区设置数以百计的卖茶场和数十个买马场，同时强制名山茶只许用来买马，以至于宋王朝每年在茶马互市中买马多达一万五千匹以上。这也使青藏道由唐代的军事政治要道转为宋代的茶道。故陈观浔在《西藏志》中说："往昔以此道为正驿，盖开之最早，唐以来皆由此道。"这也是青藏道的形成过程。

比起唐朝就有的青藏道，从明朝才开始正式形成的川藏茶道就比较晚了。虽然早在

宋朝在四川设立了茶司马

千年茶马古道

宋元时期，官府就在黎雅、碉门（今天全）等地与吐蕃等少数民族开展了茶马贸易，但规模较小，所出售的茶叶只能供应当地少数民族食用。直到明代，政府要求在四川、陕西两省分别接待朵甘思及西藏的入贡使团，而明王朝的使臣也要分别由四川、陕西进入西藏。由于明朝时期运往西北继而送进藏区的茶叶只占整个四川茶叶产量的十分之一，即一百万斤，用来支付在甘青藏区"差发马"所需的茶叶，其余的大部分川茶，则是经黎雅进入藏区的。而藏区僧俗首领之所以向明王朝朝贡，就是希望获取茶叶。他们入贡所走的道路就是川藏道。"秦蜀之茶、自碉门、黎雅抵朵甘、乌思藏，五千余里皆用之。其地之人不可一日无此"。这句话很清楚地记录了当时藏区对茶的迫切需求。于是明代洪武三十一年（1398年）五月，明王朝在四川设立了四所茶仓，"命四川布政使移文天全六番招讨司，将岁输茶课乃输碉门茶课司，余就地悉送新仓收贮，听商交易及与西蕃市马"，开始了官方组织的茶马互市。天顺二年（1458年），明朝规定将茶叶作为对乌思藏地方的赏赐，赏赐的茶叶有碉门茶马司提供。这就促成了乌思藏的贡使由川藏道入贡，不再由青藏道入贡。到了成化二年（1470年），明王朝明确规定乌思藏赞善、阐教、阐化、辅教四王和附近乌思藏地方的藏区贡使入贡之时都要走川藏道。而明朝则在雅州、碉门设置了茶马司，使得每年都会有数百万斤茶叶送往康区最后输入乌思藏，茶道也因此从康区延伸到西藏。而官方乌思藏贡使的往来，又促进了川藏茶道的畅通与兴起。于是由茶马互市开启的川藏茶道也成为了当时的官道，进而取代了青藏道曾经的地位。

清朝时期，清政府为了进一步加强

云南香格里拉茶马古道重镇独克宗古城建筑

千年茶马古道

对康区和西藏的管理和经营，设置台站，放宽对藏区销售茶叶的限制。打箭炉也由此成为南路茶叶的汇总之地，这使川藏茶道进一步繁荣。经过明清两个时期的推动和发展，形成了经由雅安、天全翻越马鞍山、泸定到达康定的"小路茶道"和从雅安、荥经跨过大相岭、飞越岭、泸定至康定的"大路茶道"，再由康定经雅江、里塘、巴塘、江卡、察雅、昌都至拉萨的南路茶道和由康定经乾宁、道孚、炉霍、甘孜，德格渡金沙江至昌都与南路会合至拉萨的北路茶道。这条经由雅安抵达康定，再从康定转到拉萨的茶道，就是明清时期的川藏道，也是今天的川藏道。这也是川藏道的形成过程。

在川藏道的形成过程之中，开拓的工作是十分艰巨的。由于川藏道的山路崎岖难行，故川藏道的运输也非常困难。由雅安至康定运输的茶叶，少部分是靠骡马驮运，大部分则要靠人力搬运，川藏道上的人力搬运茶叶称为"背背子"。"背背子"每天所走的路程由所背货物的重量决定，货物轻的走四十里，重的走二三十里不等。行进途中暂时休息之时，不把背上的货物取下，只是用

独克宗古城小店

**独克宗古城建筑**

丁字形杵拐支撑脊背以便歇气。每次休息都会把杵放在硬石块上，时间久了，铁制的杵头就在硬石上留下了至今仍然清晰可见的窝痕，记录着茶马古道上的艰辛。从康定到拉萨，除了翻山越岭之外，还要经过荒凉的草原，茂密的森林，广阔的平原。途中攀登陡峭狭窄的岩壁之时，若有两马相逢，则进退无路，只能双方协商，将其中一匹马丢入悬崖之下，以便对方的马匹通行。长途跋涉，栉风沐雨，骡马和驮牛只能用沿途的草来饲养。川藏道上的驮队还需要自备武装以便自卫，同时携带幕帐随行，每天只能走二三十里的路程。而且青藏高原之上，天寒地冻，空气稀薄，气候变化诡异莫测，更增加了运送货物的难度。民谚说："正二三，雪封山；四五六，淋得哭；七八九，稍好走；十冬腊，学狗爬。"生动地描述了川藏道上行路难的情况。川茶就是在这种极度艰苦的条件下运往藏区各地的，川藏茶道也正是汉藏人民在这条几乎无法走通的地域里开拓的。

川藏茶道的开拓带来的交通便利和贸易繁荣，促进了川藏道沿线城镇的兴起和发展。位于大渡河畔的泸定，在明末清初之时还不过是一个区区的"西番村落"，川藏道在此通过后，泸定却成为南路边茶进入打箭炉的重要关卡。清代康熙四十五

马帮贡茶

年（1706 年）在泸定建铁索桥。外地商人也开始来到泸定。到宣统三年（1911 年）将其设为县治，1930 年时泸定凭借其地理优势已经发展成有商贾三十余家的一个县，成为内地与康定货物的转运之地。康定更是在元朝时期一片荒凉，各地商人到此进行贸易之时，只能搭起帐篷竖起锅桩，以便食宿，直到明代康定才形成一个村落。随着川藏道的兴起，藏汉贸易也随之南移，以至康定逐渐发展成为边茶贸易的中心。清代雍正七年（1729 年）设置打箭炉厅，并屯兵戍守，一时间各个民族都来到这里进行买卖，也从此打破了"汉不入番，番不入汉"的壁垒。大批的藏商翻过静宁山来到康定地区，

独克宗古城小店

千年茶马古道

大批的陕商和川商也从内地涌入康定地区。这个城市因茶叶集市这个经济原因而兴起，却成为了汉藏两个民族交流的政治性的聚集地。茶市贸易以"锅庄"为媒介，从清代雍正到乾隆时期，锅庄从 13 家发展到 48 家，形成了相当繁荣的商业，也由此成为西南边陲的一大都市。此外还有里塘、巴塘、道孚、炉霍、察木多（昌都）、松潘等地都是在川藏茶道兴起而发展为商业城镇的。总之，茶市贸易是促进川藏道的开拓和川藏高原城镇兴起的重要因素。

滇藏道始于唐朝，它与吐蕃王朝的对外扩张和与南诏的贸易活动紧密相关。唐高宗仪凤三年（678 年），吐蕃王朝的势力进入云南西

有着浓郁民族风清的古玩

千年茶马古道

云南丽江

洱海北部地区。唐高宗永隆元年（680 年），
吐蕃王朝设立神川督都府，并在南诏设置官
员，以便对南诏的白蛮、黑蛮进行管理。吐
蕃在南诏的势力促进了双方贸易的发展，其
中茶马贸易就是其中的一项重要贸易。南诏
与吐蕃的贸易通道与今天的滇藏公路有些
相似，就是从今云南大理出发，北上经剑川、
丽江，过铁桥城继而沿江北上，由锛子栏达
聿赍城，再前行到盐井，沿澜沧江继续北上
至马儿敢（今西藏芒康）、左贡，至此可分
两道前往西藏：一道经过八宿邦达、察雅到
昌都；另一道直接由八宿至波密，再过林芝
通往拉萨。这也是滇藏道的形成过程。

　　历史上滇藏线茶马古道有三条道路：一

拉市海位于丽江县城细面的
拉市坝中部

条从内江鹤丽镇汛地塔城,经由崩子栏、阿得酋、天柱寨、毛法公等地,到达西藏;一条以剑川协汛地维西为起点,途经阿得酋,在此与上一条道路相合抵达西藏;一条从中甸出发,路过尼色落、贤岛、崩子栏、奴连夺、阿布拉喀等地至西藏。其主要通道与今滇藏线接近。

## (二)茶马古道的历史发展

我们可以查到中国茶叶最早向海外输出的文字记载,可以追溯到南北朝时期。南北朝时期中国与蒙古的边境上就有中国商人通过以茶易物的方式,向土耳其卖出茶叶。到了隋唐时期,随着边境贸易的逐渐扩大以及丝绸之路的开通,中国的茶叶以茶马互市的方式,经由回纥及西域等地向西亚、北亚和阿拉伯等国家和地区输送,中途穿过西伯利亚,最终到达俄国及欧洲各国。

自唐代以来,中国历代王朝的统治者都采取积极手段控制与藏区的茶马交易。唐肃宗至德元年(756 年)至乾元元年(758 年),在蒙古的回纥地区驱马茶市，开创了茶马互市的先河。北宋时代，茶马贸易主要在陕甘地区进行，用来交换马匹的茶叶来自于四川，同时在成都、秦州（今甘肃天水）两地设置了榷茶和买马司。元朝时期则废止了曾在宋代实行的茶马贸易。到了明代，又恢复了这种茶马治边政策，而且予以加强，用这项政策来统治和融合西北地区各族人民。明太祖洪武年间，一匹上等马最多可以交换一百二十斤茶叶。到明代万历年间，则官府规定一匹上等马可以交换三十篦茶叶，中等马相当于二十蓖茶叶，下等马只能换十五蓖茶叶。"黑茶一何美，羌马一何殊。""羌马与黄茶，胡马求金珠。"从

拉市海自然环境优美，是国际湿地公园

茶马古道的历史

拉市海是滇藏茶马古道的
必经之地

明代文学家汤显祖在《茶马》诗中对茶马
互市的这两句描述足以看出当时茶马市场
的兴旺与繁荣。清代之时，茶马贸易的管
理有所放宽，倒卖私茶的商人逐渐增多，
使得内地在茶马交易中费茶多而获马少。
清朝雍正十三年（1735年），官营的茶马
交易制度就此终止。

在茶马古道的历史发展中，还伴有沿
途城镇的发展，其中昌都的兴起与繁荣就
很有代表性。旧时，昌都不过是一条沟通
外地的人畜小道，是由人畜长期行走自然
形成的。公元7世纪，吐蕃王朝在青藏高
原崛起，开始四处扩张。唐朝初年，吐蕃
势力南下，在中甸境内的金沙江上架设铁

丽江古城的拉市海附近是保存较完好的茶马古道遗址

桥，开通了云南、西藏两省往来的通道。宋代，"关陕尽失，无法交易"，致使茶马互市的主要市场转移到西南边陲。元朝，官府在通往西藏的道路上开辟驿路、设置驿站，加强管理。几任明代皇帝都加强驿道建设，并沿用了宋代的茶马治边政策。清代，清政府将西藏的邮驿机构改称"塘"，对塘站的管理更加严格规范。清末民初，对茶马互市的贸易管制放宽，私人茶商大幅增加。抗日战争中后期，滇缅公路被日军切断，茶马古道成为大西南后方主要的物资运输和贸易往来通道。1950 年前的昌都经过长期的历史积累，成为藏东的商贸中心。

茶马交易治边政策始于隋唐，止于清代，历尽了千年的沧桑岁月。在茶马市场交易的漫

长年月之中，中国的商人在中国西北和西南边陲，用自己的勤劳和勇敢，踏出了一条蜿蜒崎岖、绵延万里的茶马古道。

所谓的茶马古道，实际上是一条地地道道的马帮之路。在这条艰险崎岖的千年古道上，每日奔波的是成群结队、不辞劳苦的马帮。他们日复一日、年复一年，风雨无阻地奔波在这艰难困苦的环境之中，用那清远的驼铃声和踢踏的马蹄声打破了丛林幽谷千百年的寂静，开拓了一条连通西藏与内地的经贸之路。在高原险山中翻山越岭的特殊经历，在漫长的路途中与死神的勇敢搏斗，造就了他们讲信用、不图小利的品格；培养了他们明辨是非的胆识

玉龙雪山倒影在如镜的湖面上

和勇气。马帮的商人不只是买卖经商的生意人，还是开辟这茶马古道的探险家。他们依靠自己的刚毅果敢和聪明智慧，用自己的心血和汗水在这世界上地势最高的地方开拓了一条堪称生存之路、探险之路和人生之路的茶马古道。

纵观茶马古道的历史，可以看出茶马古道不只是一条贸易通道，还是一条人文精神得以升华的坦途。古道上的马帮每次踏上征程，都是一次生死的考验。茶马古道的艰险超乎想象，经常会让人望而生畏。然而沿途雄伟壮丽的自然景观却可以焕发人的激情，激起人的勇气、力量和耐力，使人的精神得到超脱，从而理解人生的真义和伟大。除此以外，藏传佛教在茶马古道上的广泛传播，

昔日喧嚣的茶马古道如今宁静怡然

千年茶马古道

拉市海湿地

还进一步加强了云南西北部纳西族、白族和藏族等各兄弟民族之间的贸易往来和文化交流，增进了各民族间的团结和友谊。其实在茶马古道沿途不仅有令人神醉的自然风光，还有让人啧啧称奇的人文景观。一些有着虔诚的宗教信仰的艺术家在沿途的岩石和玛尼堆上绘制、雕刻了大量藏传佛教的佛陀、菩萨和高僧，甚至还有神灵的动物、海螺、日月星辰等各种形象。那些或简单或精致的艺术创作为古道漫长的征程增添了一分神圣和庄严的气息，也为那僻远的高原蒙上了一层神秘的面纱。自唐代起，直到20世纪50—60年代新中国修建的滇藏、川藏公路的开通，历尽了千

在拉市海可以体验
茶马古道上骑马的
乐趣

拉市海具有高原湿地特有的气息

年的岁月沧桑，茶马古道在这久远的历史当中就像连接中国各民族的一条长廊，不但发展了沿途的经济，而且形成了商品市场，促进了一些地区农业和畜牧业的发展。与此同时，茶马古道所经过的地区的艺术、宗教、风俗、意识形态也得到前所未有的繁荣和发展。

时至今日，在这条由千年前的古人所开创的茶马古道上，我们已经看不到成群结队的马帮，听不到清脆悠扬的驼铃声，闻不到清新醉人的茶草香气。然而，我们还能看到硬石上杵的留印，还能感受到在茶马古道上先人开拓的痕迹，这种对千年沧桑千丝万缕

今天的茶马古道上已不见
马帮的踪影

的记忆和深入心底的感动，却幻化成中华民族一种崇高和无畏的民族创业精神。这种世代不息的奋斗精神在中华民族的历史上塑造出一座座永恒的丰碑，永远闪烁着华夏子孙的荣耀与光辉。

## （三）茶马古道的历史作用

茶马古道作为一条连通了内地与西藏的纽带，加强了西藏与内地的沟通，使得藏汉两族人民形成了唇齿相依、密不可分的关系；经济上则促进了沿途商业的发展，兴起了很多商业城镇，并以茶马互市的形式让双方各取所需。所以说，茶马古道在政治和经济两方面都对中国产生了极为深远的影响。

茶马古道的开通，不仅使藏区人民获得了生活中必不可少的茶叶和其他内地出产的盐、布匹等商品，弥补了藏区物资的不足，满足了藏区人民的需求，还打开了藏区长期封闭的大门，将藏区的各种特产和宗教文化传输给了内地。双方由此形成了一种持续而长久的互利互补的经济关系。这种互利互补的关系使藏汉两族首先在经济上形成了相互依靠的格局。而这种经济上的合作也进一步推动了藏区成为中国的

**青石板路**

茶马古道的历史

丽江是茶马古道的重镇之一

一部分，让藏、汉两族走向团结，建立起深厚的友谊。在历史上，尽管宋王朝、明王朝都没有在藏区驻扎军队，但是凭借着茶马古道，内地始终与藏区保持着不可分离的关系，而藏区各部也归服于其时的内地王朝，心向统一。茶马古道让藏区与内地成为了一片大地，茶马古道也让藏区人民与内地人民成为了一家人。

茶马古道在带动藏区经济的发展的同时还让藏区人民的社会生活走向了多元化。伴随着茶马贸易的逐步繁荣，不但有大量内地的工农业产品流入藏区，使藏区的物质生活得以丰富，而且内地先进的科学技术和能工巧匠也从这条道路走进了藏区，推动了藏区经济的蓬勃发展。其中一个很好的例子就是内地的制革技术被传

入藏区，藏区由此有了皮革加工工业。还有
就是在商品贸易的推动之下，内地的淘金、
农耕、建筑、金银加工等技术和相关人员从
茶马古道涌入藏区，使得藏区的农耕技术、
采金技术和手工业技术等得以发展和增强。
与此同时，茶马互市中也引进了藏区的特色
产品，如藏区的虫草、贝母、大黄、秦艽等
药材出现在了茶马贸易当中，而卡垫、毪子
和民族手工艺品的生产也因市场需求而被带
动了起来，进而走向完善。

　　据统计，宋代时期四川省每年出产的
3000万斤茶叶，其中茶叶的一半都经过茶马
古道送到了藏区。到了明代，茶马贸易进一

**茶马古道的风景区**

茶马古道带动了沿途经济发展

步扩大，经由黎雅、碉门这两个口岸交易的川茶多达 3 万引，数量占全川茶引的 80％以上。而清代仅是从打箭炉出关走上茶马古道的川茶每年就有 1400 万斤以上。大批的川茶送往藏区的同时，藏区大量的土特产也行走在送往内地的茶马古道上。据 1934 年的数据统计，从康定送往内地的商品有 4000 斤麝香、30000 斤虫草、5500000 斤羊毛、60000 多根毪子等，共价值白银 400 余万两。从上面的数据可以看出汉藏两族的"茶马贸易"规模之大。在这些规模巨大的贸易的推动之下，藏区的商业活动迅速发展了起来，也由此涌现出一大批当时有名的藏商，如"邦达仓""三多仓""日升仓"等（仓，藏语

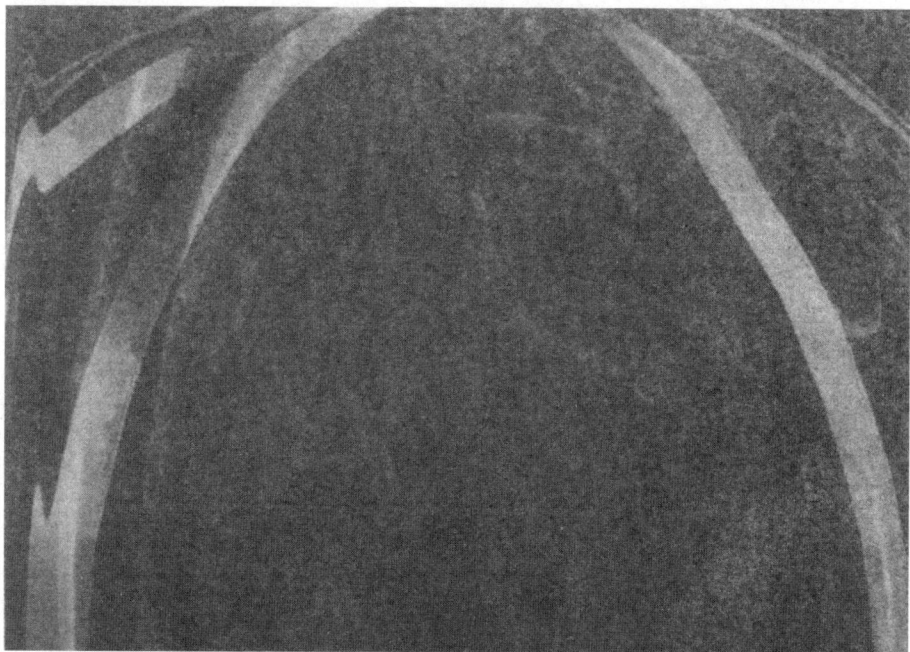

百年茶饼

意为家。这里用作商号），并根据实际
需要产生了集客栈、商店、中介机构于
一体的特殊经济组织——锅庄。康巴作
为茶马古道上的一个中心城市，在这种
环境的影响之下，最早转变了古代重农
抑商的思想观念，形成了经商的理念。
伴随着观念的改变，茶马古道上也就出
现了因精明能干远近闻名的康巴商人。

　　既然人会在茶马古道的影响下改变，
那么由人聚集而成的城镇自然也会受到
茶马古道的影响。事实上，茶马古道对
于沿途城镇的兴起和发展起到了不可磨

玉龙雪山是丽江人心中的神圣的山

丽江古城居民图

千年茶马古道

古旧的建筑之间似乎还在回响着马蹄

灭的作用。茶马古道上的贸易市场和马帮、商旅的聚集地、落脚点，在长期的市场需求下，逐渐形成了人口聚集的城镇，这也让藏区的部分地区走向了城镇化。打箭炉就是一个非常明显的例子。

在元代时，打箭炉还只是一个荒凉僻远的山沟。等到明代开通了碉门、岩州茶马道后，打箭炉就逐渐成为大渡河以西各马帮的集散地。清代，开瓦斯沟路，建泸定桥，并在打箭炉设置茶关后，大大方便了这里的交通和贸易，使其迅速发展成了一个"汉番辐凑，商贾云集"

的商业城市。西藏和内地的驮队络绎不绝地在此来来往往，全国各地的商人也云集与此。这种局面也促使这里产生了专门经营茶叶的茶叶帮，专门经营黄金、麝香的金香帮，专门经营布匹、哈达的邛布帮，专门经营药材的山药帮，专门经营绸缎、皮张的府货帮，专门经营菜食的干菜帮，以及专门经营鸦片、杂货的云南帮等。这些帮在茶马古道上的奔波忙碌，让打箭炉办起了四十八家锅庄、三十二家茶号以及数十家经营不同商品的商号，同时在这些商号的推动下兴起了缝茶、制革、饮食、五金等新兴产业。民宅、官署、街道、商店、医院、学校的纷纷建立，证明一座闻名中外、繁荣热闹的"溜溜的城"已经在这茶马古道上完全建成了。

**茶马古道途径云南少数民族村寨**

作为川藏、集散地的昌都，也随着茶马古道
的开拓和茶马贸易的繁荣而成为康区重镇
和汉藏贸易的又一个中心。

茶马古道沿途逐渐形
成人口狙击的城镇

在政治交流畅通，贸易往来繁荣之时，
茶马古道也成为藏族人民与藏、汉族及其他
族人民文化交流的通道。茶马贸易的开拓使
许多藏区的商旅和贡使有机会走进祖国内
地，了解内地的文化与风俗；同时，也使大
批的汉、回、蒙、纳西等民族的精明商人、
能工巧匠和卫戍军队进入了藏区。在长期的
交流与沟通当中，各个民族之间都增加了对
彼此不同文化的了解，并有了相应的理解，
形成了兼容并存、相互融合的和谐的文化格

古镇上民风质朴，
生活安宁

局。

在茶马古道上的许多城镇中，藏族人民与汉、回等外来民族的人民和睦相处，关系紧密。藏文化与汉文化、伊斯兰文化、纳西文化等不同文化互不冲突，并且能够在某些方面相互借鉴、相互融合、相互理解。

例如在康定、巴塘、甘孜、松潘、昌都等沿途城镇，就既有金碧辉煌代表着藏传佛教的喇嘛寺，也有体现着汉文化的关帝庙、川主宫、土地祠等建筑，甚至有的地方还可以看到代表伊斯兰文化的清真寺和代表道教思想的道观。全国各地赶来这些地方的商人还在城里建立起了秦晋会馆、湖广会馆、川北会馆等组织，把川剧、秦腔、京剧等戏曲文艺带到了藏区。茶马古道上，不同民族的节日被共同庆祝；不同的民族饮食被互相吸收；不同的民族风俗被互相尊重。

茶马古道不仅是贸易通道，更是文化交流渠道

茶马古道的历史

茶马古道对于城镇的发展起到
了重要作用

丽江古镇民居风情

文化上的相互理解就使不同民族之间有了通婚的可能，汉藏联姻的家庭大量出现。民族团结之花也由此盛开在茶马古道之上。

# 三、茶马古道的文化

## （一）茶马古道的普洱茶

茶马古道之中，以云南出产的普洱茶最为有名，也是输藏茶叶当中最主要的一个茶叶品种。早在一千八百多年前，云南的普洱茶就大量销往西藏，茶马古道也是在这种历史背景之下逐步形成的。

清代雍正皇帝于 1726 年任命鄂尔泰为云南总督，设置普洱府治，进行官方控制普洱

普洱茶园

千年茶马古道

茶的贸易，与此同时，命令鄂尔泰选取最好的普洱茶进贡给皇帝。从那时起，普洱茶开始了它长达189年的贡茶历史。

经过筛选的普洱贡茶是八色茶品，有五斤重团茶，三斤重团茶，一斤重团茶，四两斤重团茶，一两五钱重团茶，瓶装芽茶、散茶、蕊茶、匣装茶膏等八种。普洱茶中最有名的当属"女儿茶"了。熟悉《红楼梦》的人可能会记得贾宝玉特别喜欢普洱女儿茶。女儿茶是四两重紧茶。据说，用来进贡的女儿茶，都要由西双版纳六大茶山的茶园中的少数民族未婚处女采摘。采茶时要先将摘下的茶芽放入这些少数民

族的少女怀中，然后才放入装茶的竹篓中。

从明末清初到明代同治年间，是普洱茶最为辉煌的时期。其间每年在云南可收购普洱茶叶万担之多（每担合 150 斤），这些茶叶主要销往四川、西藏、贵州及云南等地。由于茶叶丰盛且质量好，故普洱茶远近闻名。茶商很早就在西双版纳六大茶山的象明倚邦设立了茶号以促进普洱茶的销售。直到清代宣统末年，还有庆丰和、庆丰益、元昌、恒盛这四个茶庄。这些茶庄将茶叶运往昆明、下关，继而分销各地。除了常年在六大茶山经营的茶庄，每年的春、夏两季，还会有云南、四川等地汉、藏等各族商人组成马帮云集于此，采购茶叶。当地的茶农也顺势将每年的清明节后定为"茶会天"。在茶会天，各地的客商都会赶来，和当地茶农

普洱茶已成为茶马
古道的标志

进行买卖，场面极为热闹。

而古人赞誉普洱茶的诗词也是数不胜
数。云南昆明的于生就作有《普洱茶山春曲》
来称赞普洱茶："一叠清波一叠云，青岚绿
雾卷红裙。山泉玉笛鸣春鸟，领悟春吟脱俗
人。"北京的王澍则有诗云："平生足未践
思茅，普洱名茶是至交。炼字未安吟苦处，
一杯清冽助推敲。"诗的题目就是《普洱茶》。
还有来自湖南的赞美："云南普洱美名扬，
腊茗春芽分外香。多谢村姑精制作，遂教身
价入华堂。"这是成与龄所作的《评云南普
洱名茶》。全国各地品尝过普洱茶的人，都

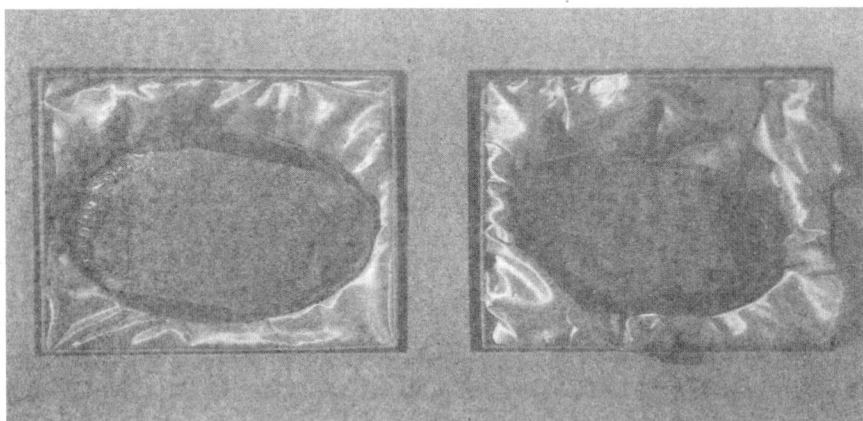

**普洱茶尤以"女儿茶"最为有名**

对它的清冽浓郁赞不绝口。

清代光绪年间，清政府对地方的管理变弱，造成地方治安混乱，盗贼四起，就连进贡给皇帝的贡茶，都在昆明一带被土匪抢掠一空。乱世所造成的交通不便，严重阻碍了普洱茶的对外运输和销售。当地茶农的生活也因此陷入困境，以至于不得不将茶树砍下，种粮来维持生活。当时又赶上了病疫横行，茶农对外交通受阻而无钱无药，死亡不计其数。同时被砍伐开垦用做农耕或被野火烧尽的茶园数量也很大，令人痛心。

1914年，内地茶客又逐渐地返回六大茶山，重新将普洱茶经营起来，远销泰国莱州。由于各地对茶叶的需求量大幅增加，茶商又在倚邦增设了不少新茶庄以扩大经营，园信公、惠民

茶庄、升义祥、鸣昌号等茶庄都是当时的代表。当时要将茶叶运至勐莱，依靠牛车作为交通工具大约需要走一个月。艰险的路途中没有村寨可以借宿，马帮只能在野外露宿，同时马帮中还配有枪支以防备经常出没的野兽。

晒茶

普洱茶经营上的繁荣在历史上也曾受过打压。法国统治者在统治越南期间就因担心普洱茶垄断越南的茶市场而要对其征以重税，遭到茶商的反对后又禁止了普洱茶在越南的销售，使当时的茶商损失惨重。西藏和平解放后，1952年滇藏公路开始修建，历经20余年，1973年通车，云南茶叶也得以从这条公路大批送往西藏，至此结束了藏马帮驮茶进藏的历史。曾经繁盛一时的滇藏茶道被滇藏公路所取代。随着时代的变迁和科技的进步，向西藏运送商品已经不像以往那么艰难了。今天的拉萨市场，已经有了来自全

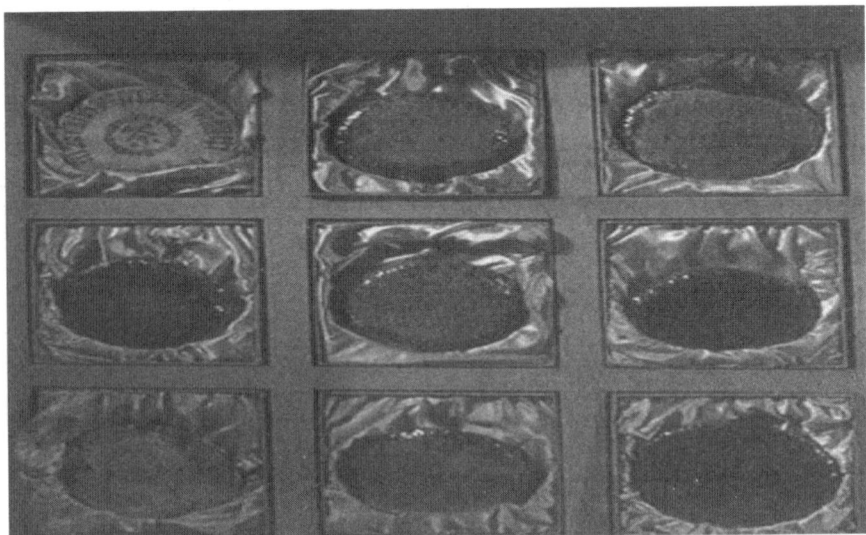

普洱茶随着时间的推移会变得醇香无比

国各地的各种茶叶多达 90 余种。同时藏族人民能够吃到新鲜蔬菜，这使藏族人民"以茶代菜"的饮食结构发生了根本性的变化，普洱茶也就逐渐失去了曾经的风光。

## （二）茶马古道的云南马帮

除了茶马古道上那沁人心脾的茶香，沿途日益兴旺的马匹交易也值得一提。云南西部各地形成了不少买卖骡马的集市，大的集市上可以买卖骡马千匹甚至上万匹。由于各地对于骡马的需求有增无减，交易骡马的盛会经久不衰，如丽江九月会、剑川七月会、泻源渔潭会、鹤庆松桂会等都是当时有名的骡马交易盛会，大理三月街

屋顶成为晒茶的好场所

更是骡马交流会的重头戏。繁荣的骡马交易促进了马帮的形成和发展，马帮也渐渐承担起了茶马古道上物资运输的任务，对马匹的使用已远远不再局限于军事范围。在漫长的茶马古道上，不知曾有过多少马帮经年累月地南来北往，踏下的马蹄痕印已经随风而逝，清脆的马帮铃声也越传越远，但马帮带给后人的震撼却并未随着时间的流逝而有所减弱，反而越发强烈。及至民国，"普（洱）思（茅）边沿的产茶区域，常见康藏及中甸、阿墩子（今德钦）的商人往来如梭，每年贸易总额不下数百万元之巨。"抗

崎岖的山路，足见当年
马帮行走的艰辛

日战争中后期，日军不仅封锁了我国的海岸线，还切断了我国西南后方物资运输通道的滇缅公路。为了保障抗日战争的运输，茶马古道一时呈现出非常繁忙的景象。就连在当时只有几百户人家的德钦县城，每天也是人来人往、络绎不绝，一时间转运货物上千驮。茶马古道以"马帮"这种特殊的形式，在完成大批量货物的运输的同时，也使这条崎岖的商道逐渐演变成把沿途各地政治、经济、文化联系起来的坦途。茶马古道上的马帮，以其特有的运作方式和日渐丰富的内涵，逐渐形成了中国历史上独有的"马帮文化"。

茶马古道上的马帮依照组成人员的不同分为不同的帮。从云南进藏的马帮，都来自云南西部。由大理的白族人所组成的马帮称为"喜洲帮"，原因就是赶马的人以喜洲人为主；鹤庆白族和汉族共同组成的马帮叫"鹤庆帮"；腾冲汉人自己组织了"腾冲帮"；丽江纳西人与腾冲汉人一样用自己的家乡命名了他们自己的马帮，即"丽江帮"；巍山、宾川回族人则用"回族帮"的名字表明了自己的民族特征；中甸、德钦藏族组成的马帮称做"古宗帮"等等。而随着茶马古道上所运载货物的

今天的云南马帮和过去的已大不相同

茶马古道的文化

茶马古道是世界上通行难度最大的高原古道

种类和数量的增加，就有了专门运输某种货物的马帮，如以所驮载的货物命名的"盐业帮""糖业帮"等。直到西藏和平解放的初期，云南西部的各县还临时组织过"支前马帮""援藏马帮"来帮助西藏平稳过渡。直到后期西藏的局势逐步走向稳定以及青藏、川藏、滇藏公路的相继通车，马帮才逐渐被汽车取代，而马帮这种民间自发形成的运输组织也才逐渐退出历史舞台。

滇西马帮除了上述的统称之外，还依照各自的区别起了相应的帮名。帮名一般都是以姓氏为标志写在马帮的帮旗上。由于马帮都是商业性的运输团队，故马帮都会在各地有自己的东家。例如鹤庆帮就是张家为在西藏、印度开设的商号"恒盛公"服务的马帮，中甸马家的"铸记商号"旗下的马帮则是古宗帮。商业性的马帮的规模都比较大，一般都有上百匹马，大的马帮甚至有四五百匹马。除了商业马帮外，马帮还有另外一种形式，就是临时性的"散帮"，又称"拼伙帮"。这种"散帮"是由拥有少量骡马的人家联合而成的，一般是进行短途的季节性运输，马匹数量不会很多，一般不超过百匹。

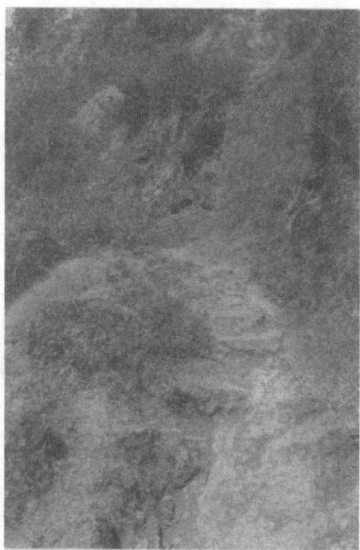

孤岛嶙峋

俗话说："行船走马三分命。"这句话用在茶马古道实在是非常贴切。战乱、匪患、天灾，茶马古道都曾经历过，加上艰难的路途，在这漫漫数千公里的长途跋涉中，着实是危机重重。为了能够平安的走完这条艰险的道路，马帮在历史的形成中用他们的智慧和牺牲逐渐创建了一套严密完整的组织管理制度。马帮的全体成员按分工有不同的职

茶马古道的文化

为了便于管理，骡马也是有编制

业身份：大锅头一人，总管内务及途中遇到的重大事宜，多由能通晓多种民族语言的人担任；二锅头一人，负责账务，为大锅头助理；伙头一人，管理伙食，亦行使内部惩处事宜；哨头二至六人，担任保镖及押运；岐头一人，为人畜医生；伙首三至五人，即马帮的"分队工"；群头若干人，即"小组长"；么锅一人，即联络员，对外疏通匪盗关系，对内是消灾解难的巫师；伙计若干人，即赶马人，每人负责骡马一至三匹不等。在人员庞大的马帮里，有的还设置"总锅头"一人，管理全盘事宜，实为东家代理人。马帮成员分工明确，赏罚分明，却不像其他行业有过分的特权和强烈的等级差

因自然条件险恶，马帮往往寻求神的庇护

别，长期共患难的艰苦生活，让他们有了更为深厚的感情，也培养了马帮成员坦诚豁达的性格。马帮的成员堪称一群肝胆相照的兄弟。

为了便于管理，骡马也有相应的编制：首先以九匹马为一群，由群头负责，九匹马中挑选一匹作为群马，在群马的额顶佩戴红布底黄色火焰图案的途标，耳后则要挂上二尺红布绣球，还要在脖子上系六个铜铃，马鞍上再插有一面红色白牙镶边锦旗。然后是以三群为一伙，由伙首负责。再选出一匹伙马，额顶佩戴黄底红色火焰图案的毡绒途标，伙马的耳后要挂四尺红布绣球，脖子上需系八个铜铃，马鞍上再插上一面红底黄牙镶边锦旗。最后由全部骡马组成一帮，在所有的马匹当中选出三匹健走识途的好马，分别作为头骡、二骡、三骡领队。被选为头骡的马能享受异常华丽的装扮：额顶佩戴着黄红色火焰图案的金绒途标，途标中央缀有一面圆镜，另在圆镜周围环绕六面小镜，再在马头套上嵌镶着珠宝的纯银笼头，脖系九个铜铃，头顶系六尺红布绣球，耳后佩戴一对牦牛尾红缨，最后在马鞍上插帮旗和祖旗各一面。帮旗是黄红边的三角锦旗，锦旗的中央会绣有帮主的姓氏。祖旗则是红底金边的方形锦旗，正中有两根锦鸡羽毛作

山间铃响马帮来

千年茶马古道

为点缀，象征着前途似锦、道路通达。因为头骡是马帮的门面，所以赶马人对其极为重视，对头骡的装饰也是别具一格，就像《赶马调》中所唱的："头骡打扮玻璃镜，千珠穿满马笼头，一朵红缨遮吃口，脑门心上扎绣球。"二骡、三骡的佩饰虽然不如头骡华美富贵，但仍然有别于其他驮马。二骡的任务是驮马帮所需的药物，三骡则是大锅头或病号的乘骑。

面对路途中无比强大的自然力量，马帮的成员会切实地感受到自身的渺小。这个时候，人们往往会求神保佑自己，马帮也不例外。传说古时候有一位名叫罗哥的青年猎手驯服了骡马并用其驮货载人，后人便将他奉为赶马业的祖师爷。而马帮将煮饭菜用的铜锣锅认作是罗

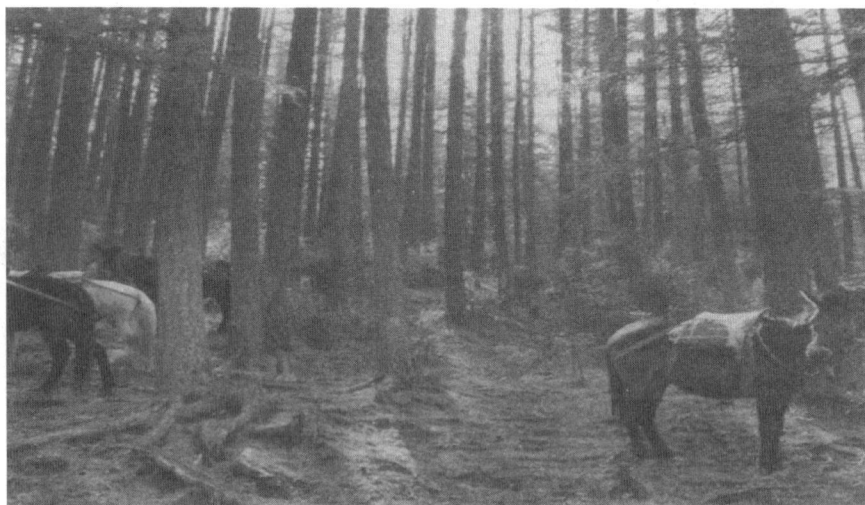

**马帮在途中休息**

哥的化身，因此铜锣锅只能由头骡驮负，使用时也不得随意转动，更不允许用脚踩踏。古宗帮因其藏族背景还尊奉文成公主为马帮的祖师，他们将头骡前额上的环锁圆镜当做文成公主的化身。此外，常年翻山越岭的马帮还崇拜山神，其化身是草果。马帮如果在野外露宿，须得先用菜饭撒祭山神，然后再丢几个草果到火塘之中。马帮离不开道路，自然也崇敬路神，路神的代表是草鞋。所以马帮成员穿烂的草鞋不能乱扔，要带到宿营地火化。马帮的成员相信如果遇中途迷路、大雪封山的情况，只要在马蹄绑上草鞋，就能走通道路。还有就是卦神崇拜，即占卜。卦神的化身是架置锣锅的两根铁条，在遇到疑难问题或者祈福消灾的时候，马帮成员就会用铁条打火卦占卜。

有信仰和崇拜的马帮自然也有他们的禁忌。出行时的禁忌有生肖属马严禁出行，农历的腊月和六月忌出远行；方向上又有"春不走东，夏不走南，秋不走西，冬不走北"的讲究。马帮严格按编队而行，么锅作为全马队的向导，手擂大锣开路。擂大锣的目的是惊吓野兽和向迎面而来的马帮知会让路事宜，并让后面的马队调整速度。除了行路上的禁忌外，马帮中还有语言上的

中国商人用双脚踏出来的茶马古道

禁忌。为了避免犯忌，赶马人的交谈多使用行话，如：打尖（途中稍歇），开稍（吃晌午），开亮（野外宿营），彩利（工钱）等。有些数字的谐音很不吉利，就借用其他的字代替。如"三"谐"丧"，以"神"字代。"四""十"谐"事故""蚀本"，以"重双"和"金"字代。还有些音意含有凶险之意的词语，则采取回避或替代的方式。如"虎"称高鹰，"蛇"称老梭，"狼"称山兵，"鬼"称黑影，"哭"叫汪，"灯"叫亮子，"锅"叫祖师，"肉"叫片片头，"饭"叫钢，等等。禁忌之外有些词语还有讨口彩的意味，如途中若遇到洪水断路就叫"开顺"，若遇送葬就叫"送财神""进财"。

马帮风雨无阻

千年茶马古道

出发前，做好准备

　　说完人的禁忌，我们再来谈谈对骡马的禁忌。对于骡马，忌马额有白、马耳前倒、马背生旋、白蹄白尾、鼻孔朝天，忌马日役马，忌骡马夜间卧眠，忌半夜马嘶骡吼，忌当生人面前数马，忌马穿过羊群，忌马脖带草藤而归。衣食禁忌：所穿的服饰忌红、黄二色（古宗帮例外），而且衣服的款式要以宽大为宜，忌错扣扣子和敞胸露怀，裹腿忌松散，忌跨越草帽和乱抛草鞋。饮食禁忌：饭前忌敲打空碗空筷，吃饭时忌把筷子直插饭食上，忌吃饭串门，吃饭不得坐门槛或马鞍，忌饭后立即躺卧，忌吃途中捡到的食物。而且马帮在开饭时，不管是什么人经过，一定要邀请同食，即

马匹在古代贸易中
功不可没

便是飞禽走兽出现，也要抛丢食物饲喂。

住宿也有禁忌。忌盛饭菜时旋转锣锅，尤其忌住宿后移动锣锅的位置。"开亮"（露宿）忌宿沙河畔、大箐口和悬崖下，住店忌与生人同房，忌火种熄灭，忌放置东西杂乱无序。

物象禁忌。忌见果木冬日开花，忌见飞鹰禽兔，忌见耗子搬家，忌见蛇交配和蜕皮，忌见苍蝇群聚不散，忌见马蜂炸窝，忌见鸦雀噪林。

气象禁忌。忌黑气蔽天、白气铺地时出行，风卷尘沙、风阻行人、风吼如嚎的情况下不宜出行，雨后现虹、素虹缠月、多虹同现忌出行，清明见雾忌出门，有雷、

霆、电、霹忌出行。

　　马帮有着很多的禁忌，还有着与马帮运行息息相关的说道。赶马人的工钱被称为"彩利"，其发放的方法是：平均工资（包括人彩、畜彩）加职务补贴。马帮的账务民主公开，职务补贴在彩利中所占的比例并不大，由此体现出马帮内部"做不平吃要平"的原则。马帮还有自己的一套奖惩规则：工作出色和避免重大事故的人，会获得一定数额的奖金，这部分奖金被称作"利尾"。如果有马帮成员冲犯禁忌、违反帮规或者故意肇事，最轻者的处罚是买一只公鸡请众人"打牙祭"表示谢罪，较重的还有烧香、驮马鞍、自策、棍刑和除名等五种处罚。赶马人在长期的旅

货物经由茶马古道向各地发散

途实践中练就了一套特殊的技能，就是用口哨、吆喝指挥骡马（马帮内部称之为"马语"）。这种技能可不是简简单单就能学会的，仅是口哨就有解闷、喂水、吃草、压惊四种，需要长期的练习才能掌握。不过这种技能对马帮却是极为重要，它不但协调了人畜间的合作，而且让赶马人在指挥骡马时有了轻松和亲近的感觉。吆喝，也是有腔有调，富有乐感，很多声音都非常有趣，如"哇"示停，"启瞿"示走，"堵其"示让路，"驾"示上驮子，"松松"示卸鞍，"启鸡"示举蹄，"松其"示跑，"鸟唔"示吃草，"嘘呼"示饮水等等，这些都是赶马人的赶马专用语。赶马人为缓解长途劳顿，为孤寂无聊的生活增添点乐趣，都能哼唱即兴创作的赶马调。滇西一带的赶马调是由上下两个乐句组成的，其形式独特，风格迥异。赶马调分为四个调类：借物抒情的行路歌；盘调的内容比较丰富，是以沿途地名、风光名胜、风土人情一问一答

马帮要翻山越岭才能
将货物运出

的方式进行演唱的；在独路险路上唱的喊路调则有其实际用途，意在知会对方让路，故其曲调高亢粗犷；曲调优美的要数在住宿的地方演唱的叙事长歌，即怀古调。"马语"和赶马调都是马帮文化的重要组成，也是民间文学曲艺中的两朵奇葩。经过音乐家精心整理在国内外流传甚广的"放马山歌"和"送郎调"等名曲，就是来自滇西一带的赶马调。

新中国成立前夕，在中国西南边陲的一些城镇还出现了马帮的行业组织——马帮理事会。理事会中以马帮的大锅头、当地的绅士和财东为理事，由威望较高的人担任理事长。理

**茶马古道如一条丝带蜿蜒盘旋在山腰**

事会所管理的事务是诸如协调马帮与官府的关系，增进与外地马帮的联系、组织货源等与马帮有关的社会事宜。

时至今日，茶马古道上的马帮早已被成群结队的汽车所替代。"山间铃响马帮来"这部历尽千年的交通运输史，与它的悲壮艰辛和浪漫诗意一同载入了人类文明的光辉史册！

四、茶马古道的价值

茶马古道途经西藏，令当地的佛教文化得到传播

## （一）茶马古道的历史文化价值

千百年来，茶马古道以其深厚的历史底蕴为我国的文化史册添上了浓重的一笔。说起它的历史文化价值，可以从早期昌都的兴盛有一个大概的了解。

翻开地图去查阅茶马古道的路线，我们会看到滇藏道和川藏道都有一个必经之地，也是它们的交汇点，这个交通枢纽就是闻名于世的昌都。事实上，茶马古道的开拓要早于汉、藏茶马互市兴起的唐宋时期，在这以前，这条以卫藏地区为起点，经由林芝、昌都并以昌都作为枢纽而通往四川、云南

很难想象先人是如何翻阅这样一座高山

二省的道路就已经兴起并渐渐发展了。早期的茶马古道就已经是连接和沟通今川、滇、藏三地古代文明的一条重要渠道。如此一来，茶马古道不仅是西藏与今川滇地区之间人民迁徙的一条重要通道，还是文化交流和文明传播的桥梁。从考古所发现的遗迹上来看，早在四五千年以前的昌都地区就有规模较大且时间极长的古人类聚落遗址。也就是说，以卡若文化为代表的古文化很早就在昌都生根发芽了。而产生这种情况的原因正是在于昌都得天独厚的地理位置，即川、滇、藏三地之间文化交流的孔道。当我们细细地品味卡若文化时，除了其自身的特点外，我们还可以看出川西和滇西北地区原始文化的元素与特色，我国黄河上游地区马家窑等原始文化的一些影响，这充分表明卡若文化并不是

一个孤立绝缘的原始文化，而是与周边
地区进行广泛交流进而逐渐发展起来的，
所以具有浓厚的复合文化的色彩。卡若
文化会受周围多种文化影响，恰恰说明
当时的昌都不但是卫藏与今川、滇西部
地区原始文化发生交流沟通的一个通道，
而且是各种原始文化元素传播和集中的
一个重要枢纽。

后来茶马古道日渐繁荣，昌都也在
其中扮演了越来越重要的角色。作为滇
藏道和川藏道的交汇处，昌都成为了当
时多种文化的聚集地。科学技术、文学
艺术、宗教信仰都在昌都展现其风姿，
让人们应接不暇。而昌都只是茶马古道
的一个点，数千里的茶马古道早已融入

**茶马古道的昔日繁荣化作
这小河涓涓流淌**

茶马古道的价值

到沿途各个民族的文化交流史当中，更让我国西南边陲的历史丰富而又充实。

在抗日战争中后期，中国与日本进入战略僵持阶段，双方都无法迅速取胜，这个时候其实是在比国家实力和民族精神。而中国的沿海被日军控制，运送物资的滇缅公路又一度被切断，茶马古道就在这民族的生死存亡之际挺身而出，为我国的战时物资运输作出了不可磨灭的贡献。在茶马古道上，不畏艰险的中国人民向世界展示了中华民族的民族精神，茶马古道也在中国抗日战争的历史上起到了精神和物质上双重支持的作用。

历尽沧桑、绵延千里的茶马古道有着多重的历史文化价值，有历史和文化的记载与升

抗日战争期间，茶马古道起到了支援抗战的作用

千年茶马古道

马帮日夜穿越深山丛林

华，有对沿途地区文化交流的巨大贡献，有在中国对外抗争时的坚定支持，还有民族融合和宗教和谐相处的示范，堪称我国历史文化上的一颗璀璨的明珠，至今仍然熠熠发光。

## （二）茶马古道的社会经济价值

茶马古道的社会价值在于它是增进沿途各民族关系的纽带和我国民族大团结的象征。

中国是一个由多个民族共同组成的国家，因此，中华民族的历史很大程度上也是很多个民族逐步融合和和谐共处的历史。茶马古道所见证的，正是汉、藏以及西南边陲的其他民族逐渐聚合乃至相互包容的历史过

茶马古道上蕴藏着开发不尽的
文化资源

古道边整洁干净的小镇

千年茶马古道

有着神秘色彩的古道风情

程。正如我们所知，汉文明的特征是农耕和儒教；而藏文明的特征则是高原生活和藏传佛教，两者都有其特定生存环境和历史背景，也都有其深厚的底蕴，不会轻易被其他的文明所取代。那么，是什么原因促使汉藏两族在历史发展的进程中紧密地联系在了一起呢？藏族作为一个一直在中国的历史发展和团结统一上发挥着重要作用的民族，早已成为中国这个多民族大家庭中的一员。虽然我们可以找到很多理由来解释这一历史现象，不过谁也无法否认，这条连通了内地与藏区的茶马古道在其中发挥了极为重要的作用。也就是说，汉藏两族之间互补性的贸易往来及因此所开拓的贸易通道，是让藏族成为中华民族一员的重要原因。因此，茶马古道的社会价值显然远不止于历史上的茶马互市，事实上它不仅是历史上汉文明与藏文明得以交流融合的一条重要渠道，还是促使汉族人民与藏族人民在情感上和心理上有所亲近和共鸣的主要纽带。正如藏族英雄史诗《格萨尔王》中所说的："汉地的货物运到博（藏区），是我们这里不产这些东西吗？不是的，不过是要把藏汉两地人民的心连在一起罢了。"这是藏族人民对茶马古道和茶马贸易的本质的一种堪称透彻的理解。所以，无论从历史还是现实，都能看到茶马古道促进民族融合和团结的社会价值。

南丝绸之路——茶马古道

而茶马古道的经济价值也不只是一个茶

千年茶马古道

茶马古道上的马帮

马互市、各取所需那么简单。在茶马古道的发展过程中，藏族的特产运到内地销售，内地的先进工艺、科技以及能工巧匠进入藏区，与贸易往来有关的各种商号的兴起，作为运输公司的马帮的形成，沿途城镇从中得益走向繁荣等等，都在茶马互市的推动下出现在茶马古道。茶马古道也因此对我国西南边陲乃至全国的经济都产生了极为深远的影响。这种对沿途经济和相关产业的促进作用更加体现了茶马古道的经济价值。

### （三）茶马古道的旅游开发价值

马帮中的马要经过一番装扮
才能出发

做好的盐用驴驮

茶马古道得益于其特殊的地理位置，成为迄今为止我国西部文化原生态保留得最好，也是最丰富多彩的一条民族文化走廊。这就使得茶马古道每年都会吸引大批的中外游客来此感受迥异风情，因此具备了很高的旅游开发价值。

茶马古道所经过的川滇西部和藏区东部是我国典型的横断山脉地区，也是南亚板块与东亚板块两个大陆板块挤压而成的典型的地球皱褶地区。岷江、大渡河、雅砻江、金沙江、澜沧江、怒江这六条大江分别自北向南、从西向东地在茶马古道经过的地区穿过，与沿途高山共同构成了地球上最为独特的高山峡谷地貌。深山幽谷的阻隔所造成的交通不便，使得该地区的民族文化呈现出了两个突出的特点。一个是沿途文化多元性的特点非常突出。顺着茶马古道一路走来，我们可以深刻地感觉到其中应接不暇的变化。沿途民房的建筑风格、路人的穿着打扮、各地的风俗习惯、听闻的语言歌唱一直在不断变化着，让人目不暇接，真可谓是"五里不同音，十

古道上的百姓生活安静祥和

茶马古道的价值

常年翻山越岭的
马帮崇拜山神

里不同俗"。这种文化多元的特点，使茶马古道成为一条魅力无穷和多姿多彩的民族文化走廊。另一个突出的特点是茶马古道上沉淀和保存着各种原生态的民族文化。茶马古道途中的河谷地区大都是古代民族迁徙辗转所经过的区域，那里自然就会有许多古代先民留下的踪迹。许多原生态的古代文化元素迄今为止仍然可以在当地的文化、语言、宗教和习俗之中看出端倪，同时这些原生态的古代文化也蕴藏着许多历史谜题和解开这些历史谜题的线索。千百年来，不仅是人数众多的汉藏两族之间在相互影响，藏族与西南的其他少数民族以及藏族内部各族群之间的

茶马古道为西藏的
经济文化带来了新
鲜的活力

文化交流与沟通也在这条千年古道上默默地
却从未间断地进行着。在这条道路上，既有
各民族文化的冲突与碰撞，也有各民族文化
的理解与融合。事实上，这条东西横跨数千
里，连通了青藏高原多个民族、多种语言和
多种文化地区的茶马古道并未伤害到任何一
个民族，反而好像一条丝带一般将各个民族
有机地串联起来，使他们在保持自己民族特
色的同时，还可以相互沟通和联系，协同发
展。因此，茶马古道不但是民族多元文化荟
萃的走廊，而且是各民族文化交流、融合并
各自保留其自身特点的一个充满魅力的通道。

在交通尚不发达的古代，只能依靠马帮运输

崎岖古道旁秀丽的风景

千年茶马古道

茶马古道带动了沿途旅游资源的开发

就像费孝通先生所说，茶马古道的沿途"沉积着许多现在还活着的历史遗留，应当是历史与语言科学的一个宝贝园地"。

茶马古道沿途的变化不只

普洱茶有着 189 年的贡茶历史

为改变，沿途自然景观的震撼也会让人记忆深刻。难得一见的高原美景，动人心魄的高山急流，以及藏区特有的牦牛等野生动物，都为这绝美的旅

五、茶马古道的特点

途景观增色不少。由此可见，虽然今天茶马古道的运输功能已经被公路和铁路所取代，但是作为一条旅游的胜地，它还是有着无尽的开发价值的。

五、茶马古道的特点

## （一）茶马古道的地理特点

茶马古道的地理特点十分突出，它是人类历史上海拔最高、通行难度最大的高原文明古道。

作为地球上海拔最高、面积最大的高原的青藏高原，被人们称作"世界屋脊"或"地球第三极"。而在青藏高原上开拓出来的茶马古道当仁不让地成为这个世界上海拔最高的文明古道。也正是因为茶马古道是这个世

千年茶马古道

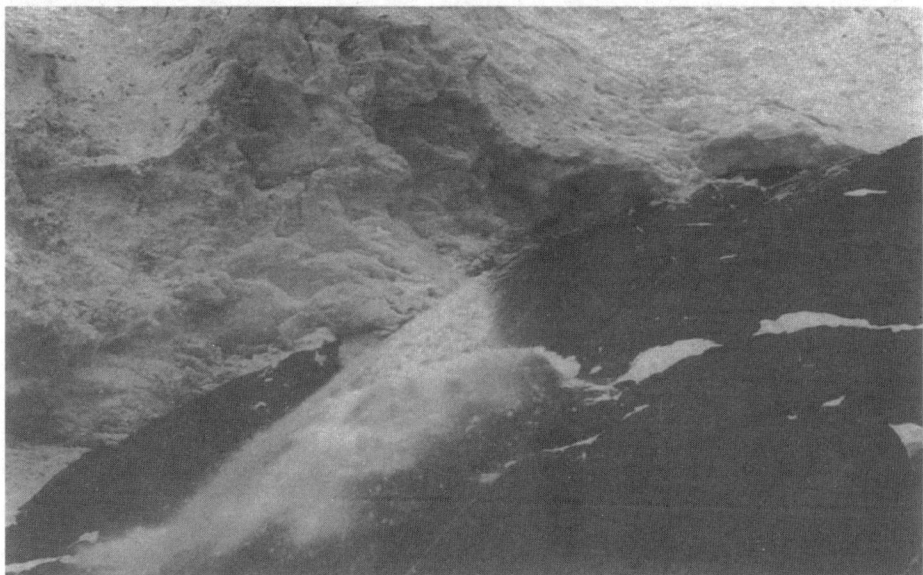

界上海拔最高的通道，漫长到近乎贯穿了整个青藏高原，其路途之艰险、通行难度之大，在世界历史上也可以说是首屈一指的。而茶马古道通行之难主要表现在以下几个方面。

茶马古道要翻越高山峡谷

其一，茶马古道所经过的青藏高原东缘横断山脉地区是世界上地形最复杂、最独特的高山峡谷地域，这种地形的崎岖险峻和通行之艰难也是举世罕见。茶马古道的沿途都是高耸入云的山峰、水流湍急的大河、深不见底的幽谷。正如任乃强先生在《康藏史地大纲》中所言："康藏高原，兀立亚洲中部，宛如砥石在地，四围悬绝。除正西之印度河流域，东北之黄河流域倾斜较缓外，其余六方，皆作峻壁陡落之状。尤以与四川盆地及云贵高原相结之部，峻坂之外，复以邃流绝峡窜乱其间，随处皆成断崖

西藏佛教文化因素茶马古道变得繁荣

促壁，鸟道湍流。各项新式交通工具，在此概难展施。"据统计，从川藏茶道到拉萨，"全长约四千七百华里，所过驿站五十有六，渡主凡五十一次，渡绳桥十五，渡铁桥十，越山七十八处，越海拔九千尺以上之高山十一，越五千尺以上之高山二十又七，全程非三四个月的时间不能到达"。清代走过茶马古道的人对它的崎岖险峻有生动而详细的描述，焦应旂的《藏程纪略》记录有："坚冰滑雪，万仞崇岗，如银光一片。俯

首下视，神昏心悸，毛骨悚然，令人欲死……是诚有生未历之境，未尝之苦也。"张其勤在他的《炉藏道里最新考》里则提到他从打箭炉去拉萨五个月的行程的感受："行路之艰苦，实为生平所未经。"杜昌丁等人撰写的《藏行纪程》对滇藏茶道也有记载："十二阑干为中甸要道，路止尺许，连折十二层而上，两骑相遇，则于山腰脊先避，俟过方行。高插天，俯视山，深沟万丈……绝险为生平未历。"从清人的这些文字记载当中，我们可以了解到茶道通行之艰难。

其二，茶马古道沿途高原气候显著，天

茶马古道上生活的众多民族和
睦相处

寒地冻，空气稀薄，而且气候变化幻诡异
莫测。清人记载的沿途"有瘴气""令人
欲死"的现象，其实就是因为严重缺氧而
导致的高原反应，清人因为不明白其中的
道理而误以为是途中"有瘴气"。茶马古
道沿途气候更是变化多端，有的地方甚至
可以经历"一日有四季"的情况。也就是
说在茶马古道的行人有时在一天当中就可
能先后经历大雪、冰雹、烈日和大风等天
气，随之而来的就是波动范围极大的气温。

一天尚且如此，一年的天气状况就更不用说了。茶马古道上一年的气候变化比起一天的更为剧烈。民谚曰："正二三，雪封山；四五六，淋得哭；七八九，稍好走；十冬腊，学狗爬。"由此民谚，茶马古道的行路之艰难可想而知。尽管茶马古道行走起来如此艰难，但是千百年来，各种货物依然在这样的

**古道旁独具特色的民居 建筑**

茶马古道的特点

据说茶马古道上五里不同音，十里不同俗

许多原生态文化因素在古镇得以保留

千年茶马古道

茶马古道沿途村寨

路况下凭借沿途人民的勇气和智慧以人背畜驮的
方式历尽千辛万苦运到了藏区各地。所以在藏区
民众当中有这样一种说法——茶叶翻过的山越多
就越珍贵，这个说法非常简明地点出了藏区的茶
叶来之不易。正如《明史·食货志》的记载："自
碉门、黎、雅抵朵甘、乌斯藏，行茶之地五千余里。"
如此漫长而艰险的高原之路，茶马古道拥有世界
上通行难度最大的道路这一特点毋庸置疑。

## （二）茶马古道的文化特点

从上面的文字，我们可以看到茶马古道的一

从古吊桥和宏伟建筑依
稀可见当年的热闹场景

些文化特点。

其一是多种文化的共存。在茶马古道上有汉族、藏族、白族、回族、纳西族等民族，他们各自都有自己的民族特色和风俗习惯，但他们并没有在茶马古道上走向敌对，反而和睦相处，相互理解。

其二是特定的生活环境所产生的文化特征。茶马古道是这个世界上海拔最高的通道，也由此形成了一种世间独有的高原文化。高原上行走的人们往往重义轻利、坦诚豪爽，同时他们又因为在自然面前常常显得无能为力，所以有着对自然的敬畏和很多的禁忌，这也是茶马古道的一个文化特点。

其三是经济繁荣给茶马古道带来的文化特点。历史上是先有的茶马互市，后有的茶马古道。这种经济对文化的深远影响在茶马古道的沿途随处可见。服务于各大商号的马帮，聚集在沿途城镇的商贾，从内地进入藏区的工匠，无不是被贸易吸引过来的。而由此形成的马帮文化、商业文化和艺术风格都是茶马古道的一个文化特征。

其四则是近代中国对外抗争所带来的文化积淀。1840 年鸦片战争以后，英帝国主义

质朴i的居民和善良的百姓

茶马古道的特点

打开中国东南沿海大门的同时也将目光投向了中国的西南边疆。英国意图侵略西藏，就试图用印度茶叶取代中国茶叶在西藏的行销。英帝国主义认为如果印茶能够取代川茶在西藏的地位，英国就能够逐步垄断西藏的经济，进而控制西藏的政治。为了达到这个目的，英帝国主义甚至不惜使用武力入侵拉萨，以强迫印茶输藏。从此，川茶成为反对入侵西藏的英国侵略者的有力武器。反对印茶销藏，保护川茶销藏，也由此成为反对英国入侵西藏的重要内容。当时的西藏人民为了国家和民族的利益，宁可以高出印茶十几倍的价格购买川茶，

**茶马古道路途艰险**

千年茶马古道

光阴仿佛在沙溪镇凝固，茶马
古道气息犹存

西藏记录了茶马古道的文明

茶马古道的特点

西藏盐井已有 1500 年的产盐历史

新鲜的茶叶

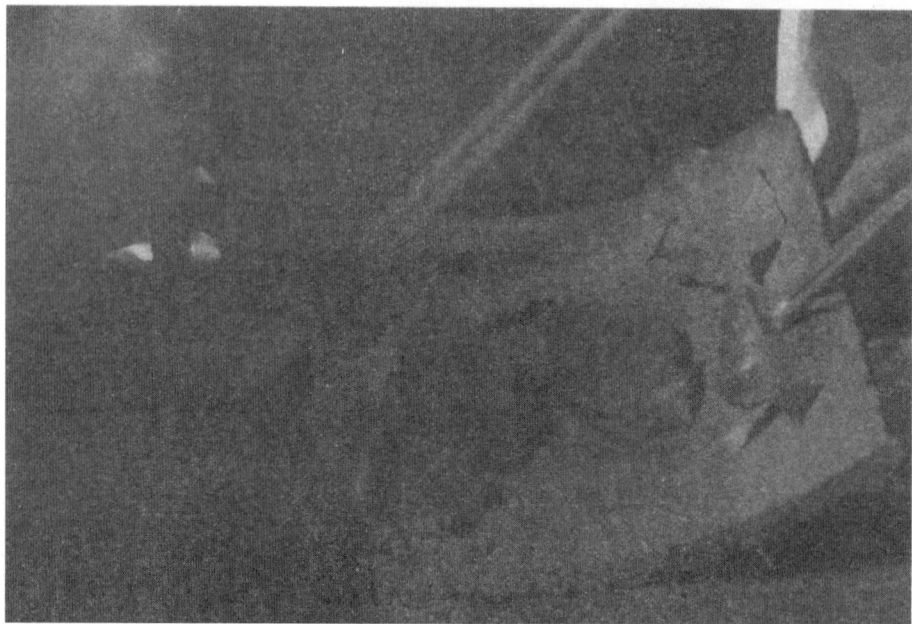

千年茶马古道

采茶

也拒绝购买印茶，表现出崇高的民族气节和藏族人民不畏强权的民族性格。而西藏地方政府面对因印茶销藏引起的政治经济危机，更是竭尽全力反对印茶输藏。时任清政府四川总督的刘秉璋更是极力主张禁止印茶销藏，以免除后患。清政府任命与英国谈判《藏印通商章程》的张荫棠也在经过对川茶得利，汉藏经济，政府税收和茶农茶商利益等方面的深思熟虑，坚决反对英国在西藏倾销印茶，力主保护川茶销藏。后来的四川总督赵尔丰更是为了反对英国对西藏的侵略，保卫祖国的边疆，在雅安设立

茶马古道加速了藏区
与内地文化的交流

起边茶公司，以便有力地支持西藏人民抵
制印茶。当时在雅安设立的边茶公司精心
改良茶种，有效整顿川茶，并在打箭炉设
立分公司，从此打破边茶不出炉关的限制。
同时在里塘、巴塘，昌都设立售茶的分号，
减少了茶叶买卖的中间环节，迅速将川茶
运往西藏。这些措施都很有效果地达到了
抵制印茶、支持川茶的目的。四川茶叶就
此成为汉藏两族人民共同反对英国侵略者
入侵西藏、倾销印茶的斗争武器。民国时
期，由于国内军阀混战，对印茶的抵制也

西藏寺庙

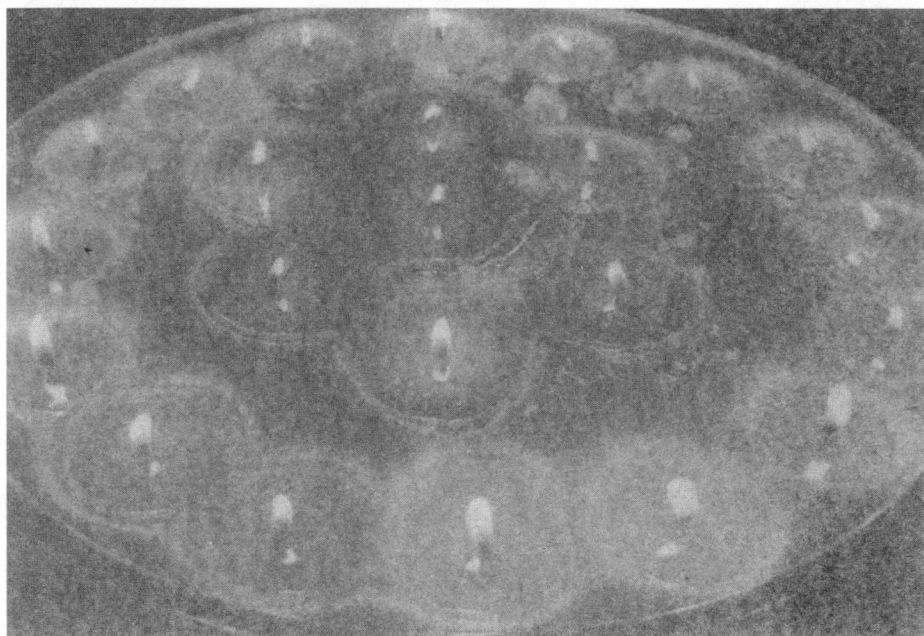

寺庙内香烛

茶马古道的特点

西藏寺庙内的佛像

布达拉宫

有所削弱，印茶乘机在藏区内倾销。同时西藏地方上层的一些领导者在英帝国主义的煽动下进攻四川边界地区，四川与西藏由此发生了军事冲突。汉藏两族的联系也有所削弱，此时唯有川茶不被时局影响，仍然畅行于川藏之间。在当时的特定历史环境下，川茶更成为一种"国防商品"，是内地与藏区的重要经济关联，并以此增进西藏地方政府与中央的政治往来和汉族人民与藏族人民的民族团结。抗日战争中后期，茶马古道上运输的物资对中国抗战构成了有力的支持。

千年茶马古道